ESSAI GRAMMATICAL

sur le

GASCON DE BORDEAUX

ou

GUILLAOUMET DEBINGUT GRAMMÉRIEN

Par G. D... (Dadu)

Prix : 50 c.

BORDEAUX
CHEZ CODERC, DEGRÉTEAU & POUJOL
Maison **LAFARGUE**
Rue du Pas-Saint-Georges, 28.

1867

BORDEAUX.—IMP. DE F. DEGRÉTEAU ET Cie.

PRÉFACE

Nous nous sommes enfin déterminé à offrir au public un essai grammatical du Gascon de Bordeaux ; cet opuscule, nous l'espérons, ne peut manquer d'intéresser nos concitoyens, qui, malgré la décadence de ce langage, ne laissent pas de l'affectionner.

Le gascon ou roman fut la langue de notre pays. Jadis on le parlait généralement ; mais, depuis François Ier, dit le père-des-lettres, les lettres gasconnes ont décru sensiblement.

Ce fut ce même roi qui ordonna que les actes publics seraient écrits en français, les arrêts en particulier, se fondant sur ce qu'il naissait souvent des difficultés pour l'intelligence des mots latins ou des barbarismes inexplicables glissés dans les écrits publics. Cette ordonnance fut la cause première de la décadence du Roman ; peu à peu il s'éclipsa parmi les grands et devint, par le temps, la langue caractéristique du peuple illettré.

Le gascon d'aujourd'hui est un débris de cette langue romane fille du latin rustique et des dialectes gaulois (1).

Le roman se maintint assez pur jusqu'à François Ier ; mais, depuis, il s'est altéré par le contact du français, qui lui a ravi son cachet primitif.

Quoi qu'il en soit, notre gascon nous sera toujours cher ; il fut la langue de nos pères, et il est encore le témoignage vivant de leur naïveté et de l'originalité de leur caractère plaisant et communicatif.

Gascon, gascon! langue de mes pères, de ma bien tendre mère, de l'ange infortuné de ma jeunesse, que n'entends-je tes accents, tes sons agrestes et naïfs tomber des lèvres de ceux qui m'étaient si chers ! Hélas ! tout a disparu, et mon oreille attentive n'entend plus à mon foyer désolé, que la langue de la sévère industrie et de la froide spéculation.

C'est donc uniquement par pure affection pour la langue de mes aïeux et de mes proches que j'ai conçu le dessein de grammaticaliser l'idiome gascon de Bordeaux. Heureux si, en satisfaisant ma piété filiale et mes touchants souvenirs, je puis encore plaire à mes indulgents et généreux concitoyens !

G. D.....

---

(1) Voyez ce qu'en dit M. de Mirecourt dans la brochure de M. Du Peyrat.

ESSAI GRAMMATICAL

SUR

LE GASCON DE BORDEAUX

OU

GUILLAOUMET DEBINGUT GRAMMÉRIEN

NOTIONS PRÉLIMINAIRES

DE L'ALPHABET

L'Alphabet est la base de toute langue écrite.

L'Alphabet gascon se compose des mêmes lettres que dans le français, sauf le *v* qui est remplacé par le *b*.

DES VOYELLES

Les voyelles représentent des sons.

Les voyelles se divisent en simples, doubles aspirées, doubles mouillées et nasales.

Les voyelles simples sont : *a, e, i, o, u, y, ou*.

Les doubles aspirées sont : *áou, éou, íou, óou*.

Les doubles mouillées sont : *ay, ey, oy, ouy, uy*.

Les voyelles nasales sont : *an, én, in, oun, un*.

Ces voyelles s'accentuent comme en français. On met un accent sur la première lettre des voyelles doubles aspirées, pour montrer qu'on doit y appuyer davantage.

Ai, au, oi, s'écrivent en gascon *é, o, oua*.

Ex. : Français, royaume, loi, *frances, ròyome, loua*.

Exception : Le pluriel de *áou* s'écrit *aus*.

DES VOYELLES EN PARTICULIER

A, o, ou, comme en français, *e, i, u*, devant une *m* ou une *n*, ont toujours le son aigu et sont pour cela accentués. *E* n'est jamais ouvert que placé devant deux *r* ; hors cela, il est toujours maigre ou muet : Tonnerre, *tounerre*.

Joint à une voyelle, l'*y* est toujours mouillé; à la fin des mots, après une consonne il est presque muet.

Ex. : Je chante, *cánty*; couette, *cóusty*.

DES CONSONNES

Les consonnes modifient les sons.

L'*f*, en bon gascon, se change en *h* aspirée. A Bordeaux on se sert de l'*f*.

Ex. : Feu, *fuè*, *huè*, etc.

On n'aspire l'*h* qu'au singulier : la *habe*, la fève.

L'*s*, à la fin des mots, doit se prononcer fortement, le *ts* de même.

Ex. : Nez, croix, vous faites, *nass*, *croutlss*, *fédetlss*.

L'*x* se change en *s* devant une consonne.

Ex. : Excusez-moi, *escusats-mé*

Le *g*, devant l'*a* et l'*o*, se change en *j*. Le *g* et le *j* à la fin des mots, suivis d'une voyelle, sont précédés d'un *t*,

Ex. : *Pelerinatge, engatja.*

Le *gn* à la fin des mots modifie les voyelles nasales.

Ex. : Bain, loin, *bàign*, *lòign*.

On peut supprimer les lettres doubles si elles ne sont pas nécessaires à la prononciation, ou à la conservation du radical (1); mais on met un accent circonflexe sur la voyelle qui précède, aigu si c'est un *e*, un *i*, ou un *u*, pourvu que la syllabe suivante soit muette

Ex. : Homme, côtelette, *hôme*, *coustelête*.

DES DIFFÉRENTES PARTIES DU DISCOURS

DU NOM

Le nom c'est la personne, la chose ou l'idéal. Même règle qu'en français petite différence de termes, *s* pour le pluriel.

Ex.: Guillaume, chapeau, colère, maisons, *Guillâoume, capet, coulère, oustâous.*

---

(1) Toutes les lettres sont faites pour les prononcer, dit le Gascon, écrivez et prononcez ainsi les mots suivants : *annade, dannat, terre, offri, alténtioun.*

DE L'ARTICLE

L'article désigne le nom.

Le, la, les, du, de l', de la, un, des, à au, à l', à la, aux, à les, de.

Lou, la, les, dáou, de l', de la, ún, daus, à, áou, à l', à la, aus, à les, de.

Ex. : *Lou rey, dáou rey, áou rey,* etc.

DE L'ADJECTIF

L'adjectif qualifie ou détermine le nom.

L'adjectif suit les règles françaises et a aussi quelques différences dans ses termes; l's, comme de coutume, est le signe du pluriel, l'e du féminin.

Ex. : Les chiens goulus, *lous cans gouluts, boun, boune.*

ADJECTIFS NUMÉRAUX

Un, dus, trés, quate, cinq, cheys, sèt, huyt, nâou, detz, ounze, doutze, trétze, quatorze, quinze, setze, dix-sèt, diz-huyt, dix-nâon, bin, trénte, quarante, etc.; *cént, mille; premey, secound, trésième, quatrième,* le reste en ajoutant *ième.*

DEGRÉS DE COMPARAISON

Bien, mieux, le mieux, très-bien;
Bon, meilleur, le meilleur;
Moindre, moins, pire;
Bien millou, lou millou, trés-bién;
Boun, meillur, lou meillur;
Méndre, méns, pire.

MODÈLE APPLICABLE A TOUS LES ADJECTIFS

Prâoube, méns prâoube, pas si prâoube;
Aoussi prâoube, pus prâoube, lou mey prâoube;
Prâoube coume jou, áoussi prâoube que tu.
Lou pus prâoube de touts.

ADJECTIFS POSSESSIFS

Mon, ton, etc.; mes, tes, etc., *moun, toun, soun, nostes bostes, lur, mous, tous, sous, nostes, bostes, lurs souliés.*

ADJECTIFS DÉMONSTRATIFS

Ce, cet, cette, ces, *aquét, aquéle, aquéts, aquéles crambes.*

PRONOMS

Les pronoms représentent le nom.

Les pronoms personnels n'existent pas dans la conjugaison des verbes gascons, *on*, compris.

Moi, toi, lui, elle, nous, vous, ils, elles, eux, soi, pronoms personnels déclinables, se rendent ainsi : *jou, tu, él, éle, nousdouts, bousdouts, éts, éles, soi.*

PRONOMS PERSONNELS

Me, te, se, lui, nous, vous, se, leur, le, la, les, y, en, que, se rendent par *mé, te, se, li, nous, bous, se, lur, lou, la, lous, les, lisi, y, én, que.*

Li peut remplacer le *lui* français, et *lisi* les lui.

Ex. : Il faut le lui donner, il faut les lui donner, *fàou li douna, fàou lisi douna.*

Moi, toi, se rendent par *mé, té.*

Ex. : Donne-moi, apprends-toi, *donne-mé, apprén-té.*

PRONOMS POSSESSIFS

Le mien, le tien, etc., *lou mén, lou toun, lou soun, lou noste, lou boste, lou lur ; la méne, la toune, la soune, la noste, la boste, la lur.* On met une s pour le pluriel, *lous méns, les ménes,* etc.

PRONOMS DÉMONSTRATIFS

Ceci, cela, celui-ci, celui-là, etc., *aquo, aquet aqui, aquet ala, aquéle aqui, aquéle ala.*

C'est se rend par *aquo's* ou *aquo és* ; ce sont, *aquo soun.*

Ce, celui, celle, ceux, celles, suivis d'un relatif ou d'une préposition, se rendent en gascon par *cé, lou, la, lous, les.*

Ex. : Ce qui me plaît, celui que je désire, celle de qui je me plains, ceux de Bordeaux, *Cé que me plét, lou que désiry, la de qui me plàgny, lous de Bourdéou.*

PRONOMS RELATIFS

Qui, que, quoi, dont, où, lequel, laquelle, lesquels,

lesquelles, duquel, etc.; *qui, que, qué, dount, ou que, oún, lou quáou, la quále, lous qudous, les quáles, dáou, quáou*, etc.

Qui relatif se rend le plus souvent par *que*.

Ex. : L'enfant qui m'a servi, *lou meynatche que m'a serbit*.

Qui absolu existe en gascon : qui est-ce, *qui és aquo? de qui, à qui*, absolu ou non, s'expriment en gascon comme en français : *l'hóme de qui parlats, à qui parlats, sàby de qui ridéts*.

PRONOMS INDÉFINIS

Quáouqùn, cadún, persoune, quouquaré, quáouqued'ún, ré, aré, rés, nat, nade, nats, nades, áoute, l'ún, l'áoute, plusiurs, táou, tále, tout, quáouque, certín, qui qué sic, quáou qué ce sic, qu'áou que sic, sic que sic, àoussi, qué, etc.

On sait que ces pronoms sont quelquefois adjectifs, il en est de même dans le gascon.

Ex. : *L'àoute gouyat, plusiurs sourdats, nade cheyre.*

DU VERBE

Le verbe exprime l'état ou l'acte de la personne, de la chose ou de l'idéal.

DES VERBES AUXILIAIRES

Les verbes auxiliaires existent par eux-mêmes et servent à compléter tous les autres verbes.

VERBE AUXILIAIRE *ÊTRE*
ESTE ou ESTA

Indicatif présent
Suy, sus, ès,
Soum, séts, soun.

Imparfait
Éry, ères, ère,
Érem, érets, èren.

Passé
Fúry, fúres, fut,
Fúrem, fúrets, fúren.

Temps composé
Suy estat ou ey estat, etc.
Aougury estat, etc.
Abéby estat.

Futur
Serey, seras, sera,
Seram, serats, seran.

Passé
Aourey estat, àouras estat, etc.

Conditionnel présent
Seri, serés, seré,
Serém, seréts, serén.

Passé
Aoury estat, etc.

Impératif
Sie, sién, siéts.

Subjonctif présent ou futur
Que siy, que sies,
Que sie, que siem,
Que siets, que sien.
Imparfait
Que fússy, que fússes,
Que fússe, que fússem,
Que fússets, que fússen.

Passé
Qu'âougy estat, qu'âouges, etc.
Plus-que-parfait
Qu'âougússy estat.
Participes
Estan, estat, estade,
Aougén estat.

VERBE AUXILIAIRE AVOIR

AOUGÉ

Indicatif présent
Ey, as, a, am, ats, ou abéts, an.
Imparfait
Abéby, abèbes, abèbe,
Abèbem, abèbets, abèben.
Passé
Aougûry, âouúgres,
Aougût, âougúrem,
Aougûrets, âougúren.
Temps composé
Ey âougut,
Aougury âougut,
Abèby âougut.
Futur
Aourey, âouras, âoura,
Aouram, âourats, âouran.
Futur antérieur
Aourey âougut, âouras, etc.
Conditionnel présent
Aoury, âourés, âouré,
Aourém, âouréts, âourén.

Passé
Aoury âougut, âourés, etc.
Impératif
Aouge, âougém, âougets.
Subjonctif présent ou futur
Qu'âougy, qu'âouges,
Qu'âouge, qu'âougém,
Qu'âougets, qu'âougén.
Imparfait
Qu'âougússy, qu'âougússes,
Qu'âougússe, qu'âougússem,
Qu'âougússets, qu'âougússen.
Passé
Qu'âougy âougut, qu'âouges, etc.
Plus-que-parfait
Qu'âougússy âougút.
Participes
Aougén, âougut, âougúde,
Aougén âougut.

Dans l'application de ces deux verbes, on peut suivre les règles françaises.

DES CONJUGAISONS

En gascon, il y a trois conjugaisons distinctes: la première a l'infinitif terminé en *a*, comme *ayma*; la seconde en *i*, comme *fini*; la troisième en *e* muet, comme *recèbe* ou *rénde*.

Iʳᵉ CONJUGAISON
AYMA

Indicatif présent
Aymy, aymes, ayme,
Aymem, aymets (1), aymen.

Imparfait
Aymâby, aymâbes, aymâbe,
Aymâbem, aymâbets, aymâben.

Passé defini
Ayméry, ayméres, eymét,
Aymérem, aymérets, ayméren.

Passé antérieur
Ey aymat, as aymat, etc.

Plus-que-parfait
Abéby aymat, abébes aymat, etc.

Futur
Aymerey, aymeras, ayméra,
Aymeram, aymerats, aymeran.

Passé
Aourey aymat, aouras, etc.

Conditionnel présent
Aymery, aymerés, aymeré,
Aymerém, aymeréts, aymerén.

Passé
Aoury aymat, âourés aymat, etc.

Impératif
Ayme, aymam, aymats.

Subjonctif présent ou futur
Qu'aymy, qu'aymes,
Qu'ayme, qu'aymem,
Qu'ayméts, qu'aymen.

Imparfait
Qu'ayméssy, qu'aymésses,
Qu'aymésse, qu'ayméssem,
Qu'ayméssets, qu'ayméssen.

Passé
Qu'âougy aymat, qu'âouges, etc.

Plus-que-parfait
Qu'âougussy aymat,

Participes
Ayman, aymat, aymade,
Aougén aymat, ayma.

Ainsi se conjuguent tous les verbes en *a*, comme *canta, dansa, marcha, planta, toumba.*

IIᵐᵉ CONJUGAISON
FINI

Indicatif présent
Finissy, finisses, finis;
Finissem, finissets (2), finissen.

Imparfait
Finisséby, finissèbes, finissèbe,
Finissèbem, finissèbets,
Finissèben.

Passé défini
Finiry, finires, finit,
Finirem, finirets, finiren.

Passé antérieur
Ey finit, as finit, etc.

Plus-que-parfait
Abéby finit, abèbes finit.

Futur
Finirey, finiras, finira, finiram,
Finirats, finiran.

Passé
Aoury finit, âouras finit, etc.

Conditionnel présent
Finiri, finirés, finiré, finirém.
Finiréts, finirén.

Passé
Aoury finit, âourés finit, etc.

Impératif
Finis, finissém, finisséts.

Subjonctif présent ou futur
Que finissy, que finisses,
Que finisse, que finissem,
Que finissets, Que finisseu.

Imparfait
Que finisséssy, que finisséses,
Que finissésse, que finisséssem,
Que finisséssets, que finisséssen.

---

(1) Ou *aymats*. — (2) Ou *finisséts*.

Passé
Qu'àoujy finit, qu'àouges, etc.
Plus-que-parfait
Qu'àougussy finit, etc.

Participes
Finissén, finit, finide.
Aougén finit.

Ainsi se conjuguent tous les verbes en *i*, comme *pâli, puni, arroundi, estourdi*.

IIIme CONJUGAISON
RECÈBE, RECEBUT

Indicatif présent
Recèby, recèbes, recèb.
Recébém, recebets (1), recèben.
Imparfait
Recebèby, recebèbes, recebèbe,
Recebèbem, recebèbets, recebè-
Passé défini [ben,
Recebúry, recebúres, recebut,
Recebúrem, recebúrets,
Recebúren.
Passé antérieur
Ey recebut, as recebut, etc.
Plus-que-parfait
Abèby recebut, abèbes, etc.
Futur
Recebrey, recebras, recebra,
Recebram, recebrats, recebran,
Passé
Aourey recebut, aouras, etc.
Conditionnel présent
Recebry, recebrès, recebré.
Recebrém, recebréts, recebrén.

Passé
Aoury recebut, aourés recebut.
Impératif
Recèb, recebém, recebéts.
Subjonctif présent ou futur
Que recèby, que recèbes,
Que recèbe, que recèbem,
Que recèbets, que recèben.
Imparfait
Que recebússy, que recebússes,
Que recebut, que recebússem,
Que recebússets, que recebússen
Passé
Qu'aougy recèbut, qu'àouges, etc.
Plus-que-parfait
Qu'àougússy recébut, etc.
Participes
Recebén,
Recebut, recebúde,
Aougén recebut.

Ainsi se conjuguent tous les verbes en *e* muet, comme apercevoir, rendre, fendre, *apercébe, rénde, fénde*.

Les terminaisons des verbes gascons sont : *y, es, e* (2), *em, ets, én*. Ces finales sont fermées au conditionnel, aux deux

---

(1) Ou recebéts.
(2) Cette terminaison varie au présent de l'indicatif, et au passé défini. Pour la 1re conjugaison elle est régulière au présent, mais au défini on change l'*a* de l'infinitif en *et, ayma, aymét*, il aima Pour la 2e conjugaison, elle fait *is* au présent et *it* au défini, *finis, finit*, il finit, il finit. Pour la 3e conjugaison, on ôte l'*e* muet de l'infinitif pour le présent, et l'on change cet *e* en *ut* pour le défini. Ex. : *recèb, recebut*, il reçoit il reçut; d'où il suit que les 3es personnes du défini des deux dernières conjugaisons sont semblables à leurs participes passés.

personnes plurielles de l'impératif et au participe présent; ailleurs, elles sont muettes, et la voyelle qui les précède doit être accentuée(1), étant ordinairement longue. Les terminaisons du futur sont toujours fermées les voici : *Rey*, *ras*, *ra*, *ram*, *rats*, *ran*.

DE LA FORMATION DES TEMPS

Nous ne citons aucun exemple, parce qu'on peut faire l'application des règles suivantes sur les verbes que nous avons conjugués.

Les temps se forment tous de l'infinitif.

Le présent de l'indicatif et du subjonctif se forment de l'infinitif en changeant la dernière lettre en *y*, *es*, *e*, *em*, *ets*, *en*, pour la 1re et la 3e conjugaison, et ajouter *ssy*, *sses*, etc., pour la 2e.

L'imparfait en ajoutant *by*, *bes*, etc., pour la 1re et 2e conjugaison, et pour la 3e, *sséby*, *ssébes*, etc.

Le défini, en changeant la dernière lettre en *éry*, *éres*, etc., pour la 1re conjugaison, ajoutant *ry*, *rés*, etc., pour la 2e, et changeant *e* en *úry*, *úres*, etc., pour la 3e.

Le futur, en changeant *a* en *erey*, *eras*, etc., pour la 1re, en ajoutant *rey*, *ras*, etc., pour la seconde, et changeant *e* en *rey*, *ras*, cet., pour la 3e.

Le conditionnel se forme comme le futur, seulement, au lieu de *rey*, *ras*, etc., c'est *ri*, *res*, etc.

L'impératif, en changeant *a* en *e* muet pour la 1re, ajoutant *s* pour la 2e, et retranchant l'*e* muet pour la 3e; les personnes plurielles se forment en ajoutant *m* et *ts* pour la 1re et 3e, et *ssém*, *ssêts* pour la 2e.

L'imparfait du subjonctif se forme de l'infinitif en changeant *a* en *éssy*, *ésses* pour la 1re, ajoutant *ssèssy* pour la 2e, et changeant l'*e* muet en *ússy* pour la 3e.

Le participe passé se forme de l'infinitif en ajoutant un *t* pour la 1re et 2e, et changeant l'*e* muet en *ut* pour la 3e. Le

---

(1) Accent grave si c'est un *a* ou un *o*, aigu si c'est un *e*, un *i* ou un *u*.

féminin se forme en changeant le *t* en *de*; ceux en *is*, comme *proumis*, font *proumise*.

Le participe présent se forme en ajoutant une *n* pour la 1re et 3e, et *ssén* pour la 2e. On dit parfois *cantén* au lieu de *cantan*.

Les temps composés se conjuguent comme en français, c'est-à-dire avec les auxiliaires et le participe passé de chaque verbe.

Ex. : J'ai chanté, je serai allé, *ey cantat, serey anat*.

Les verbes passifs neutres, pronominaux, suivent les règles françaises; les verbes impersonnels également. Il pleut, il gèle, se rendent ainsi : *y plaou*, *y gèle* ou *esque gèle*.

Les formes interrogatives et négatives sont les mêmes :

Es-tu le roi? N'es-tu pas le roi? Je ne le suis pas. *Sus lou rey? Ne sus pas lou rey? Nou, ne lou suy pas.*

Il y a, il y en a, il n'y en a pas, est-ce qu'il n'y en a pas? se rendent ainsi : *y a, g'na, g'na pas, esqu'y g'na pas?*

Les participes passés ont aussi les mêmes règles.

L'enfant qu'il avait aimé, les effets qu'ils ont perdus je les ai retrouvés, *lou meynatche qu'abèbe aymat, lous esfets qu'an perduts lous ey retroubats*.

IRRÉGULARITÉS DES VERBES GASCONS

Dans la première conjugaison sont irréguliers : 1° le verbe ANA, aller; indicatif, *bàou, bas, bay, bam, bats, ban*; imparfait, *anàby, anàbes*; passé, *angùry, angùres, angut*; futur, *angrey*; conditionnel, *angri*; impératif, *bay, anam, anats*; passé, *anat, anade*; participe présent, *anan*; subjonctif, *qu'any*; imparfait, *qu'angussy, suy anat*, je suis allé, etc.

Les verbes dont l'avant-dernière syllabe de l'infinitif est en *ou*, *our*, comme *bourna, damoura, jouga*, perdent quelquefois l'*u* du radical à l'indicatif et au présent du subjonctif.

Ex. : *Damöry, que jôgues*.

Cette règle est applicable aux verbes des autres conjugaisons.

Ex. : *Droumi* fait *drómy*, *sourti*, *sórty*, etc. Exceptions: *prouba* fait *prouby, oubri, oubry*.

Les verbes en *ga*, comme *liga*, prennent un *u* après le *g*, quand il est suivi d'une autre voyelle que l'*a*.

Ex. : *Liguy*, je lie, *jóguy*, je joue.

Le verbe *fa*, faire, est irrégulier; voici ses temps primitifs, *fa, fédy, firy, feyt, fedén*, ou autrement *ha, hédy* ou *hésy, hiry, heyt, hadén* ou *hasén*.

Les verbes irréguliers de la 2e conjugaison sont : *mouri, coubri, offri, oubri, parti, sénti, soufri, béni, téni, sourti, serbi, chègui*, suivre. Ces verbes n'ont d'irrégulier que le présent de l'indicatif, du subjonctif, et le participe présent (1); cette irrégularité consiste à changer l'*i* de l'infinitif en *y* et *én*, et non en *issy, ssén*.

Ex. : J'ouvre, que j'ouvre, ouvrant, *oubry, qu'oubry, oubrén*.

Les verbes *béni* et *téni* ont de plus le passé défini et le participe passé.

Ex. : Je vins, il a tenu, *bingúry, a lingut*.

Leurs composés suivent les mêmes règles.

Les verbes irréguliers de la 3e conjugaison sont :

1° *S'ésmoubé, esquibalé, pourbé, prébalé, boulé, sabé, balé, falé, dibé*, s'émouvoir, équivaloir, pourvoir, prévaloir, vouloir, savoir, valoir, falloir, devoir; ils n'ont d'autre irrégularité que l'*e* fermé de leur infinitif; mais *poudé* a ses temps primitifs de la manière suivante : *poudé, pódy, pousqúry, pousqut, poudén*.

2° Les verbes suivants, dont nous donnons les temps primitifs :

	Infinitifs.	Présents.	P. définis.	P. passés.	P. présents.
Voir.	*Beyre.*	*Bédy.*	*Biry.*	*Bis.*	*Bédén.*
Pleuvoir.	*Plávoure.*	*Pláou.*	*Plabut.*	*Plabut.*	*Plabén.*
Cuire.	*Cóyre.*	*Cóyt.*	*Coudut.*	*Coudut.*	*Coudén*(2).
Boire.	*Bèoure.*	*Buby.*	*Bébúry.*	*Bébut.*	*Bubén.*
Croire.	*Crèyre.*	*Crédy.*	*Crédúry.*	*Crédut.*	*Orédén.*
Dire.	*Dide.*	*Didy.*	*Dichúry.*	*Dichut.*	*Didén.*
Écrire.	*Escrioure.*	*Escriby.*	*Escribúry.*	*Ercribut.*	*Escribén.*
Mettre.	*Mette.*	*Metty.*	*Miry.*	*Mis.*	*Mettén.*
Vivre.	*Bioure.*	*Biby.*	*Biscúry.*	*Biscut.*	*Bibén.*

---

(1) Cependant, *mouri, ofri, oubri, souffri, coubri*, font au participe passé *mort, offert, oubert, soufert, coubert*, comme en français. C'est l'effet du contact.

(2) Le verbe *coyre* est tout-à-fait impersonnel en gascon.

Nous bornons là nos verbes irréguliers, n'ayant pas poussé plus avant nos recherches. Et remarquons, d'après cet exposé, que les verbes gascons suivent exactement les irrégularités françaises. C'est encore un effet du contact.

DE L'ADVERBE

L'adverbe est un mot invariable qu'on peut appeler l'adjectif du verbe et de l'adjectif lui-même.

ADVERBES DE MANIÈRE

Bonnement.	*Bounemén.*
Poliment.	*Polimén.*
Entièrement.	*Enteyremén.*
Utilement.	*Utilemén.*
Aisément.	*Aysidemén.*
Véritablement.	*Béritablemén.*

ADVERBES D'ORDRE

Premièrement.	*Premeyremén.*
Secondement.	*Secoundemén.*
Dabord.	*Dabord.*
Ensuite.	*Ansuite.*
Auparavant.	*Aouparaban.*

ADVERBES DE LIEU

Où, ici, là,	*Oun, aqui, ala.*
Deçà, delà.	*Déçà, déla.*
Dessus, partout, dessous.	*Dessus, pertout, débat*
Auprès, loin.	*Aouprès, lôign.*
A droite, à gauche.	*A dreyt, à gaouche.*

ADVERBES DE TEMPS

Hier, avant-hier.	*Gey, aban-gey.*
Aujourd'hui, demain.	*Anuyt, deman.*
Après-demain.	*Après-deman.*
Autrefois, bientôt.	*Aoute cop, bien léou.*
Tantôt, souvent.	*Tantos, soubén.*
Toujours, alors.	*Toujours, alors, labets.*
Jamais, à présent.	*Jamey, jamès, adare.*
Aussitôt, plus tôt	*Aoussi léou, pu léou.*

ADVERBES DE QUANTITÉ

Beaucoup, bien.	Bocop, bien.
Peu, guère, assez.	Petit, Gayre, assés, prou.
Trop, tant, combien.	Trop, tan, coumbien.
Davantage.	Mey dabantatge.

ADVERBES DE NÉGATION

Non, ne, ne pas, ne point,	Nou, ne. ne pas, ne pouign.
Ne plus, pas du tout.	Pouign. pouign du tout.

ADVERBES DE COMPARAISON

Bien, mieux, le mieux;	Bien, millou, lou millou;
Bon, meilleur, le meilleur;	Boun, meillur, lou meillur;
Moindre, moins, pire.	Méndre, méns, pire.

PRÉPOSITIONS

Les prépositions indiquent les rapports des mots entre eux.

A, au, de, dès.	A. âou, de, dès
A cause de, après, autour.	A câouse de, après, âoutour.
Avant, avec, contre.	Aban, abèque, countre.
Dans, depuis, où.	Déns, démpuy, oun,
Derrière, devant, en.	Darrey, deban, én.
Entre, à l'égard de.	Éntre, à l'égard de.
Environ, excepté.	Embiroun, exceptat.
Hormis. jusque.	Hormis, dinque.
Loin de, le long de.	Lóign de, lou long de.
Par, pendant, pour.	Per, pénden, per.
Près de, quant à, sans.	Près de, quant à, séns, chéns.
Selon, sous, suivant.	Seloun, debat, suiban.
Sur, vers, sauf.	Su, ber, sof.
Vis-à-vis, voici, voilà.	Bis-à-bis, baqui, bala.
Parmi, chez, malgré.	Permis, chés, maougré.
Sur le, sur la.	Su lou, su la, sâou.
Sur les, sur les.	Su lous, su les, sos.

CONJONCTIONS

Les conjonctions lient les phrases entre elles.

Et que, ni, aussi.	Et qué, ni, aoussi.
Mais encore, cependant.	Més, éncare, cépéndén.
Pourtant, ou, soit.	Pertan, ou, sie.
C'est-à-dire, comme.	Aquos à dide, coume.
Lorsque, avant que.	Lorsque, abant que.
Après que, sinon.	Après que, sinou.

A moins que, en cas,	A méns que, én cas.
Sans que, car, puisque.	Sens que, car, puisque.
D'autant plus, pourquoi.	D'aoutan mey, perqué.
Afin que, depuis que.	Afin que, dempuy que.
Pourvu que, or, donc,	Pourbu que, or, dounc.
Au reste, à propos.	Aou reste, à prépaou.
Ainsi, de sorte que.	Insi, de sorte que.
D'ailleurs, bien, si.	D'aillurs, bién, si.
Peut-être, quoique.	Béleou, quouaque.
Autant que, sitôt que, dès que.	Aoutan que, si léou que, dés que.

INTERJECTION

L'interjection exprime les divers mouvements de l'âme.

Hélas! quelle douleur!	Hélas! quale doulou!
Mon Dieu! quel malheur!	Moun Diou! qu'aou malhur!
Aye! ça va mal.	Ayay! aquo bay maou!
Oh! que c'est beau!	Oh! qu'aquo's bet!
Ouf! tu m'as pincé!	Ouye! m'as pinçat!

Cric-crac, moun counte es acabat.

Nota. On trouvera peut-être dans ce travail quelques règle arbitraires dont nous ne donnons pas le pourquoi; à cela nous répondrons que force fait loi, et que les bornes de cet ouvrage ne nous permettent aucune digression; au reste, plus tard, si cela se peut, nous pourrons satisfaire aux réclamations du lecteur.

FIN.

UN DERNIER MOT

Mille choses resteraient à dire sur cette matière, mais les devoirs de notre état ne nous permettant pas de grands écarts, force donc nous est faite de nous restreindre le plus possible.

Ceux qui croiraient qu'il ne nous a fallu que quelques jours pour l'exécution de ce travail se tromperaient grandement; qu'ils sachent que c'est l'œuvre de plusieurs années, il est vrai non bien actives en ce point, mais assez laborieuses eu égard à notre besogne incessante et compliquée, je dirai presque abstraite.

Au reste, il a fallu tout ce temps pour faire germer et mûrir nos idées, mille fois détruites par les exigences de nos devoirs doublement sacrés.

On pourra peut-être contester l'utilité de cet essai grammatical, cela est vai; néanmoins, les souvenirs de notre origine, la conservation d'un langage qui fut celui de nos pères et qui est encore aujourd'hui celui de trois millions de Français (1), argumentent bien en notre faveur, et donneront à notre essai, espérons-le, quelques succès consolants.

Un rayon nous éclaire.....

Oui, l'intérêt que l'on attacherait au gascon pourrait avoir pour fruit l'amour du pays natal, et conserver par cela même à nos campagnes un plus grand nombre de cultivateurs.

Non, nous ne pensons pas avoir épuisé ce sujet... Si les obstacles s'aplanissent, si le public se montre satisfait, et surtout si Dieu nous prête vie, nous pourrons, pendant nos loisirs bien légitimes, d'autant qu'ils sont très-rares et fort restreints, continuer l'œuvre originale que nous avons entreprise, toutefois avec l'autorisation de nos Mentors bienveillants.

G. D....

---

(1) Lisez le travail de M. Du Peyrat, dans le *Congrès Scientifique de France*, 23e session, t. V; vous y trouverez qu'en effet 3,000,000 de Français parlent l'idiome gascon du Midi; il est vrai avec quelques différences locales, mais dénotant néanmoins le même type et le même caractère de langage. Si dans les temps primitifs on eût grammaticalisé le gascon, il ne serait pas aujourd'hui si diversifié.

www.ingramcontent.com/pod-product-compliance
Lightning Source LLC
Chambersburg PA
CBHW060625050426
42451CB00012B/2430